2023

# 中国奶业质量报告

中国奶业协会
农业农村部奶及奶制品质量监督检验测试中心（北京）　编

中国农业科学技术出版社

图书在版编目（CIP）数据

中国奶业质量报告. 2023 / 中国奶业协会，农业农村部奶及奶制品质量监督检验测试中心（北京）编. --北京：中国农业科学技术出版社，2023. 7

ISBN 978-7-5116-6304-7

Ⅰ. ①中… Ⅱ. ①中… ②农… Ⅲ. ①乳品工业－质量管理－研究报告－中国－2023 Ⅳ. ①F426.82

中国国家版本馆CIP数据核字（2023）第 104294 号

责任编辑 金　迪
责任校对 贾若妍　李向荣
责任印制 姜义伟　王思文

出 版 者 中国农业科学技术出版社
北京市中关村南大街 12 号　邮编：100081
电　　话 （010）82106625（编辑室）　（010）82109702（发行部）
（010）82109709（读者服务部）
网　　址 https: // castp.caas.cn
经 销 者 各地新华书店
印 刷 者 北京地大彩印有限公司
开　　本 210 mm × 285 mm　1/16
印　　张 3.25
字　　数 55 千字
版　　次 2023 年 7 月第 1 版　2023 年 7 月第 1 次印刷
定　　价 98.00 元

# 中国奶业质量报告（2023）




## 编写人员

**主　编：** 刘亚清　王加启

**副主编：** 卫　琳　闫奎友　郑　楠　刘慧敏　郭利亚

**编　者：** 孙永健　李竞前　王斐然　张　超　周鑫宇　黄萌萌　黄京平　单吉浩　曹志军　张养东　郝欣雨　曹　上　詹腾飞

# 前　言

奶业是健康中国、强壮民族不可或缺的产业，是食品安全的代表性产业，是农业现代化的标志性产业和一二三产业协调发展的战略性产业。

2022年，中国奶业生产能力进一步提高，产业综合素质持续增强，质量安全水平高位再提升。全年奶类产量4 026.5万吨、乳制品产量3 117.7万吨，分别同比增长6.6%、2.0%；荷斯坦奶牛年均单产9.2吨。生鲜乳、乳制品抽检合格率分别达到100%、99.88%，生鲜乳中乳脂肪、乳蛋白的抽检平均值分别为3.70 g/100 g、3.25 g/100 g，菌落总数14.7万CFU/mL，达到欧美奶业发达国家水平；体细胞数抽检平均值为23.4万个/mL，优于欧盟标准要求；三聚氰胺等违禁添加物多年未检出。

2023年是全面贯彻落实党的二十大精神的开局之年，是实施“十四五”规划承前启后的关键之年，中国奶业发展要对标对表全面振兴，优化产品结构、引导乳品消费，巩固提升奶源供给保障能力，提高国产乳品质量、效益和竞争力，促进奶业高质量发展。

《中国奶业质量报告（2023）》通过发布权威数据，分析奶业新形势、新动向，客观展示中国奶业振兴发展成效，增强广大消费者对国产乳制品的消费信心。

本报告得到了农业农村部、工业和信息化部、商务部、国家卫生健康委员会、海关总署、国家市场监督管理总局等有关部门，以及中国农业科学院、全国畜牧总站、国家奶牛产业技术体系的大力支持，在此一并表示诚挚的谢意！

中国奶业协会

农业农村部奶及奶制品质量监督检验测试中心（北京）

2023 年 6 月

# 目　　录



目录

目录

# 一、中国奶业质量安全概要

2022 年，中国奶业生产继续增长，规模化养殖比例进一步提升，产业素质稳步提升，乳品质量持续保持较高水平，国产品牌美誉度和国际竞争力逐步增强。

## （一）乳品产量稳步增长

2022 年，中国奶类产量 4 026.5 万吨，同比增长 6.6%；乳制品产量 3 117.7 万吨，同比增长 2.0%。

## （二）乳品质量持续提升

2022 年，中国乳制品抽检合格率保持在较高水平。全年生鲜乳抽检合格率 100%，三聚氰胺等违禁添加物连续 14 年未检出。乳制品总体抽检合格率 99.88%，婴幼儿配方乳粉抽检合格率 99.98%。生鲜乳、乳制品抽检合格率在农产品、食品行业中长期保持前列。

## （三）产业素质加快提升

2022 年，中国奶业转型升级步伐进一步加快，奶牛存栏百头以上规模化养殖比例达到 72.0%，同比提高 2.0 个百分点。荷斯坦奶牛年均单产 9.2 吨，同比增长 0.5 吨。

## （四）质量监管成效明显

连续 14 年组织实施全国生鲜乳质量安全监测计划，监测范围覆盖所有奶站和运输车，落实“确保婴幼儿配方乳粉奶源安全六项措施”，强化婴幼儿配方乳粉奶源监管。2022 年，累计抽检生鲜乳样品 1.03 万批次，现场检查奶站 0.50 万个（次）、运输车 0.50 万辆（次）。严格进口乳制品监管，未准入境乳制品 113 批次，已全部按要求退货或销毁。

专栏一

# 凝心聚力、再接再厉 推进奶业高质量发展

2022 年 9 月 6 日，第十三届中国奶业大会暨 2022 年中国奶业 20 强（D20）峰会在山东省济南市召开。农业农村部副部长马有祥出席开幕式并讲话。

会议指出，有关奶业主管部门加强政策引导和监管服务，全行业全力以赴提效率、稳质量、促振兴。经过不懈努力，中国奶业实现了浴火重生，从养殖到加工、从规模到效率、从产量到质量都发生了日新月异的变化。

会议强调，要深入贯彻落实习近平总书记重要指示批示精神和党中央、国务院决策部署，总结成绩和经验，认清压力和挑战，凝心聚力，再接再厉夯实奶源基地建设，修订完善乳品质量安全标准体系，健全产业链条，优化产品供给结构，推动奶业振兴再上新台阶。

# 二、中国奶业生产与消费

## (一) 奶牛养殖

### 1. 奶类产量

2022 年，中国奶类产量 4 026.5 万吨，同比增长 6.6%（图 2–1）。其中，牛奶产量 3 931.6 万吨，同比增长 6.8%；羊奶等其他奶类产量 94.9 万吨，同比减少 0.9%。奶类产量低于印度、美国、巴基斯坦，居世界第四位，占全球总产量的 4.2%。

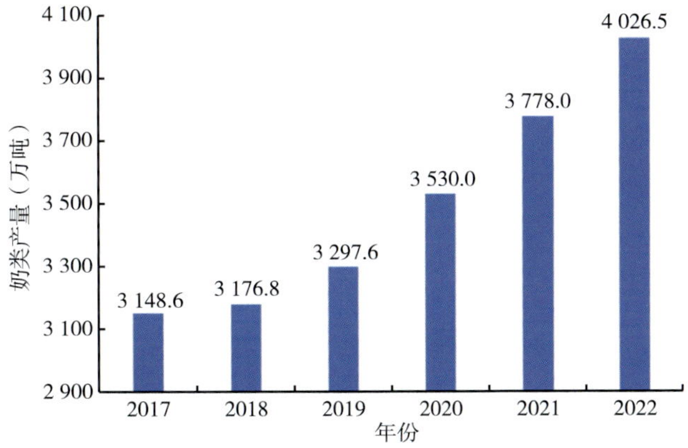


图 2–1　2017—2022 年中国奶类产量

（数据来源：国家统计局）

### 2. 规模化养殖水平

2022 年，中国奶牛场（户）均存栏奶牛 296 头，同比增加 27 头，增幅 10.0%；规模化养殖进程进一步加快，存栏 100 头以上规模化养殖比例为 72.0%，同比提高 2.0 个百分点（图 2–2）。

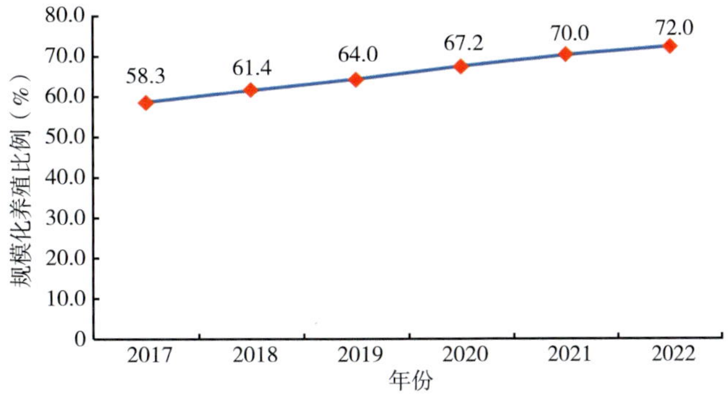


图 2–2　2017—2022 年中国奶牛 100 头以上规模化养殖比例变化

（数据来源：农业农村部）

### 3. 奶牛单产水平

2022 年，全国荷斯坦奶牛平均单产 9.2 吨，同比增长 0.5 吨。其中，规模化牧场奶牛单产普遍达到 10 吨以上。据 1 324 个百头以上规模化牧场奶牛生产性能测定数据显示，奶牛日均产奶量 34.0 kg，305 天产奶量达到 10.3 吨（表 2–1）。

表2–1 2017—2022年规模化牧场奶牛平均单产

| 年份 | 参测牛只（万头） | 日产奶量（kg/天） |
| --- | --- | --- |
| 2017 | 120.2 | 29.0 |
| 2018 | 123.8 | 30.0 |
| 2019 | 127.5 | 31.2 |
| 2020 | 129.5 | 32.4 |
| 2021 | 147.9 | 33.2 |
| 2022 | 162.9 | 34.0 |

数据来源：中国奶业协会。

### 4. 生鲜乳价格

2022 年，河北、山西、内蒙古、辽宁、黑龙江、山东、河南、陕西、宁夏、新疆 10 个奶业主产省（区）年均生鲜乳收购价格为 4.16 元 /kg，同比下降 3.0%（图 2–3）。

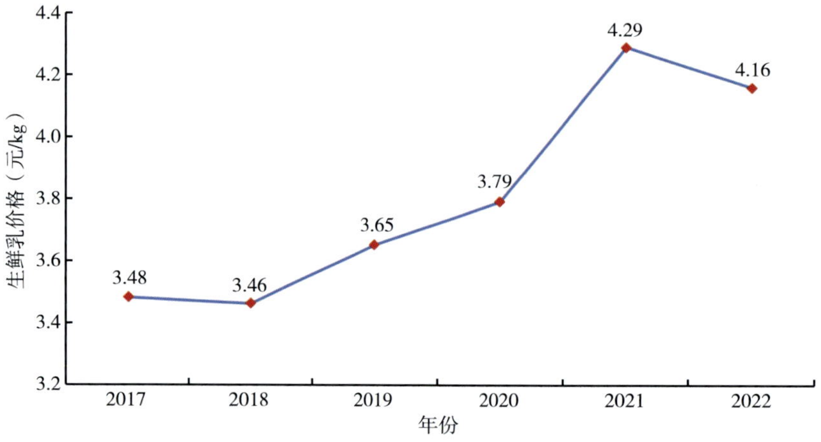


图 2–3 2017—2022 年中国奶业主产省（区）生鲜乳收购价

（数据来源：农业农村部）

## （二）乳制品加工

### 1. 乳制品产量

2022 年，中国规模以上乳制品加工企业（年主营业务收入 2 000 万元以上，下同）乳制品产量达到 3 117.7 万吨，同比增长 2.0%。其中，液态奶产量 2 925.1 万吨，同比增长 2.4%；干乳制品产量 192.6 万吨，同比增长 2.1%，其中乳粉产量 98.5 万吨（图 2-4）。

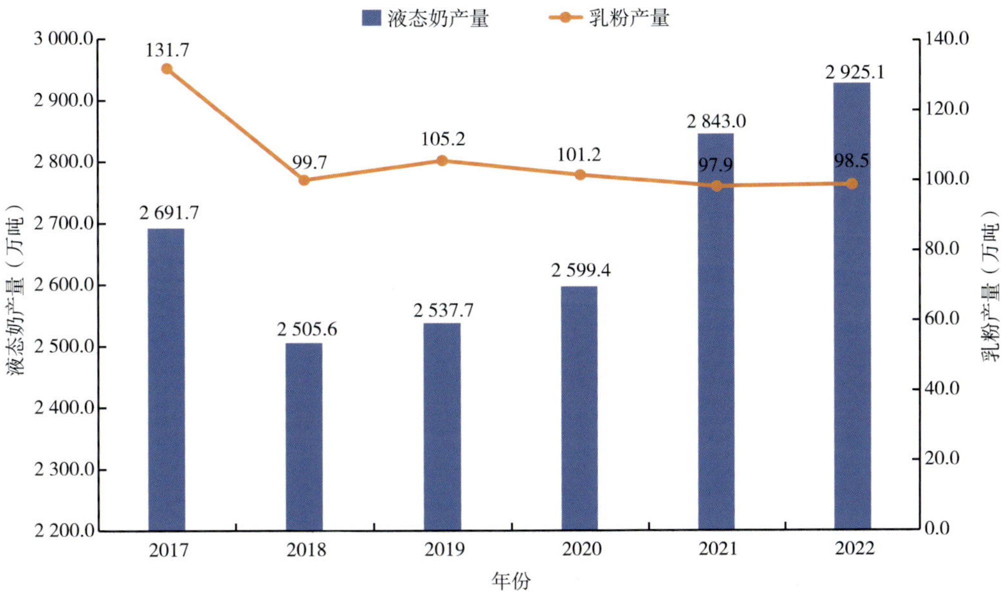


图 2-4　2017—2022 年中国乳制品产量变化

（数据来源：国家统计局）

### 2. 乳制品加工业集中度

2022 年，中国规模以上乳制品加工企业 622 家，同比增加 33 家。

### 3. 乳制品价格

2022 年，中国牛奶平均零售价 12.97 元 /kg，同比上涨 3.3%；酸奶平均零售价 16.51 元 /kg，同比上涨 3.4%；国产品牌婴幼儿配方乳粉平均零售价 219.13 元 /kg，同比上涨 2.4%（图 2-5）。

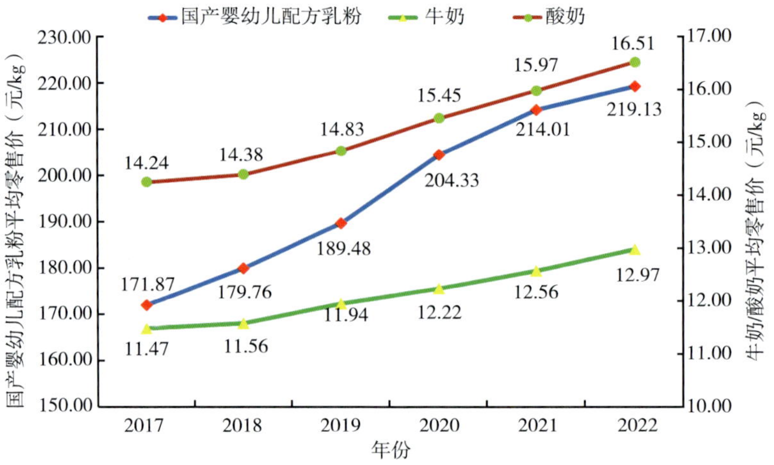


**图 2-5　2017—2022 年国产乳制品平均零售价格**

**（数据来源：商务部）**

### 4. 乳制品销售额和利润

2022 年，中国规模以上乳制品加工企业主营业务收入 4 717.3 亿元，同比增加 1.1%；利润总额 385.1 亿元，同比增加 1.6%（图 2-6）。

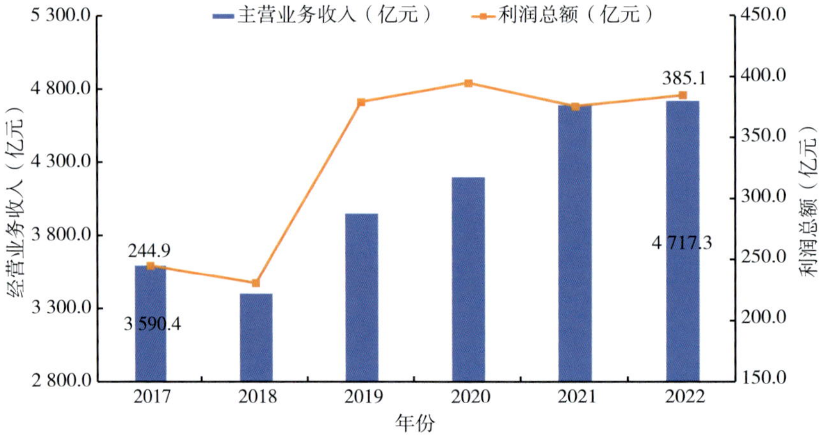


**图 2-6　2017—2022 年中国规模以上乳制品加工企业主营业务收入和利润情况**

**（数据来源：国家统计局）**

## （三）乳制品及相关产品进出口

### 1. 乳制品进口

2022 年，中国乳制品进口 327.12 万吨，同比减少 17.1%（图 2-7）。其中，干乳制品进口 223.90 万吨，同比减少 15.0%；液态奶进口 103.22

万吨，同比减少 23.1%。总进口额 139.33 亿美元，同比增加 0.7%。其中，干乳制品进口额 121.89 亿美元，同比增加 0.8%；液态奶进口额 17.44 亿美元，同比减少 11.1%。

从进口来源国看，2022 年乳制品进口量占前六位的国家依次是新西兰、美国、德国、澳大利亚、荷兰、法国，进口量分别为 135.57 万吨、36.28 万吨、36.06 万吨、25.52 万吨、20.31 万吨、16.20 万吨，分别占总进口量的 41.4%、11.1%、11.0%、7.8%、6.2%、5.0%。从其他国家共进口 57.21 万吨，占总进口量的 17.5%（图 2-8）。

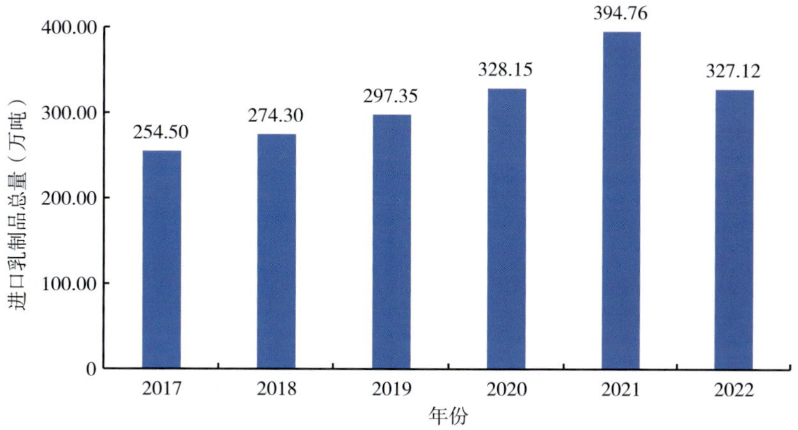


图 2-7 2017—2022 年中国乳制品进口量

（数据来源：海关总署）

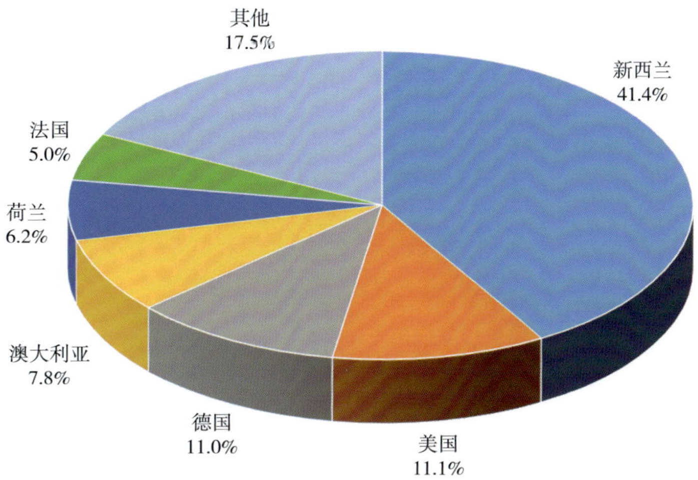


图 2-8 2022 年中国乳制品进口来源国

（数据来源：海关总署）

### 2. 奶牛和苜蓿进口

2022 年，中国进口种用奶牛数量同比大幅增长。据农业农村部统计，全年共审批种用奶牛进口 11.30 万头，比 2021 年的 8.59 万头增加 31.5%。

2022 年，据行业测算，进口苜蓿干草 178.8 万吨，同比增长 0.5%（图 2-9）；平均进口价 517.9 美元 / 吨，同比上涨 35.6%，是近 5 年涨幅最大的一年。苜蓿干草进口主要来源于美国，占总进口量的 78.4%；其次为西班牙和南非，分别占总进口量的 13.0% 和 4.9%。

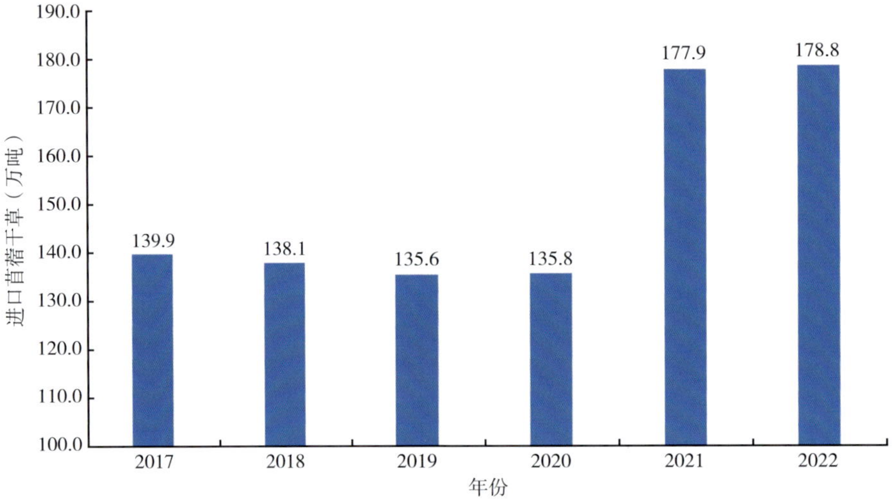


图 2-9　2017—2022 年中国苜蓿干草进口量

（数据来源：海关总署）

### 3. 乳制品出口

2022 年，中国乳制品出口 4.5 万吨，同比减少 1.2%；其中，婴幼儿配方乳粉出口 0.45 万吨，同比减少 46.4%。乳制品出口额 1.22 亿美元，同比减少 49.1%。

## （四）乳制品消费

2022 年，中国人均乳制品消费量（表观消费量）折合生鲜乳为 42 kg，约为世界平均水平的 1/3。消费结构以液态奶为主，近年来奶酪消费快速增加，2022 年人均奶酪消费量 0.28 kg，但仍显著低于美国人均 17.40 kg 和欧盟人均 18.29 kg 的水平。

专栏二

# 研究完善支持政策
# 扎实推进奶业健康发展

2022 年 7 月 26 日，奶业工作部际联席会议联络员会议在北京召开。农业农村部副部长马有祥出席会议并讲话。

会议指出，在各部门的共同努力下，近些年奶业发展势头良好，奶类产量增长，乳品质量稳定，产业素质提升，奶业振兴取得了阶段性成效。但产业竞争力不强、奶源自给率下降、养殖加工利益联结不紧密等短板依旧突出。

会议强调，要深入贯彻中央领导同志重要指示批示精神，疏通制约奶业发展的堵点卡点，完善奶业健康发展的支持政策体系，再接再厉推动奶业健康发展。

# 三、中国乳品质量安全

## （一）奶牛养殖卫生安全

奶牛养殖环境和卫生条件是保障生鲜乳质量安全的基本要求。2022 年，行业继续规范奶牛场选址与建设，提升奶牛场装备设施，保障饲草料供应，强化生鲜乳储运及生鲜乳收购站管理，不断改善奶牛养殖环境和卫生条件。

### 1. 奶牛场建设

2022 年，存栏 100 头以上的规模化奶牛养殖场 5 833 个，同比减少 13.3%。规模化奶牛养殖场严格按照《中华人民共和国畜牧法》等法律法规的规定，执行《奶牛标准化规模养殖生产技术规范》，加强动物防疫和生鲜乳质量安全管理，实现了标准化、规范化建设与生产。

### 2. 奶牛场设施装备

近年来，奶牛场的机械化、信息化、智能化装备和关键技术推广应用加快，质量安全保障能力进一步加强。自 2017 年起中国规模化奶牛养殖场 100% 实现机械化挤奶，2022 年，超过 95% 的规模化奶牛养殖场配备了全混合日粮（TMR）搅拌车。

### 3. 优质饲草料供应

苜蓿和青贮玉米是奶牛的主要粗饲料。2022 年，中国优质苜蓿①种植面积超过 772 万亩（15 亩 =1 $hm^2$，全书同）。

### 4. 生鲜乳收购站和运输车

严格落实生鲜乳收购站发证六项规定，全面执行《生鲜乳收购站标准化管理技术规范》，生鲜乳收购站的基础设施、机械设备、质量检测、操作规范、管理制度和卫生条件显著提升。全面启用奶业监管工作平台，对全国 4 200 余个生鲜乳收购站和 5 500 余辆运输车进行系统化、信息化管理，保障生鲜乳质量安全。

## （二）生鲜乳质量安全

生鲜乳质量安全指标中，乳脂肪、乳蛋白是反映牛奶营养品质的重要指

① 符合《苜蓿干草捆质量标准》（NY/T 1170—2006）的二级及以上标准的苜蓿。

标；非脂乳固体是生鲜乳中除脂肪和水分外营养物质的总称；杂质度是指生鲜乳中含有杂质的量，是衡量生鲜乳洁净度的重要指标；酸度是评价生鲜乳新鲜程度的指标；相对密度是反映生鲜乳是否掺水的重要指标。

生鲜乳卫生指标中，菌落总数是反映奶牛场卫生环境、挤奶操作环境、牛奶保存和运输状况的一项重要指标。生鲜乳中菌落总数过高，不仅会影响牛奶口感，还可能使乳制品中的细菌数超标，从而对人体健康造成影响。体细胞数是衡量奶牛乳房健康状况和生鲜乳质量的一项重要指标。黄曲霉素 $M_1$ 是反映生鲜乳卫生状况的主要指标，铅、铬、汞和砷是判断生鲜乳是否受到重金属污染的主要指标，三聚氰胺是判断生鲜乳中是否存在人为添加违禁物的指标。

2009 年以来，农业农村部持续实施生鲜乳质量安全监测计划，重点监测生鲜乳收购站和运输车，检测指标包括乳脂肪、乳蛋白、杂质度、酸度、相对密度、非脂乳固体、菌落总数、黄曲霉素 $M_1$、体细胞数、铅、铬、汞、砷和三聚氰胺等多项指标，累计抽检生鲜乳样品约 26.5 万批次，其中，2022 年抽检 1.03 万批次（图 3-1）。

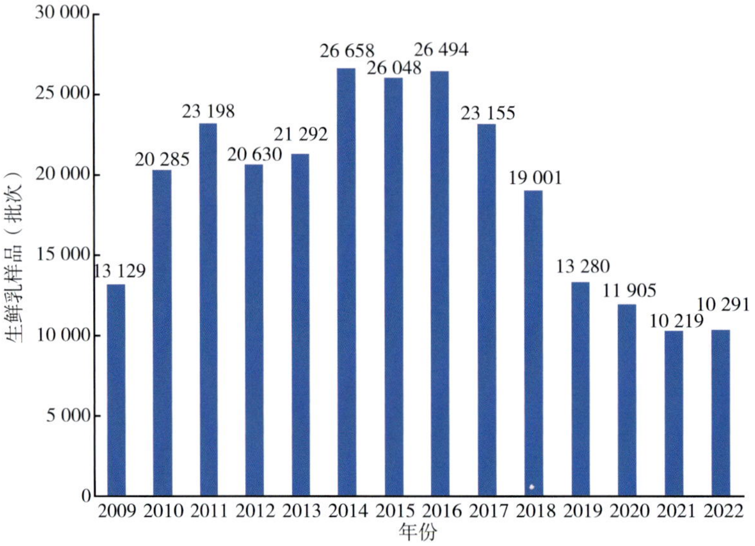


**图 3-1　2009—2022 年抽检生鲜乳样品批次数**

**（数据来源：农业农村部）**

### 1. 乳脂肪

乳脂肪是乳的主要成分之一，是反映牛奶营养品质的指标。乳脂肪含量国家标准为≥ 3.1 g/100 g。

2022 年，农业农村部对 158 批次生鲜乳样品进行监测，生鲜乳乳脂肪含量平均值为 3.70 g/100 g（图 3-2）。其中，规模化养殖场生鲜乳乳脂肪含量平均值为 3.90 g/100 g。

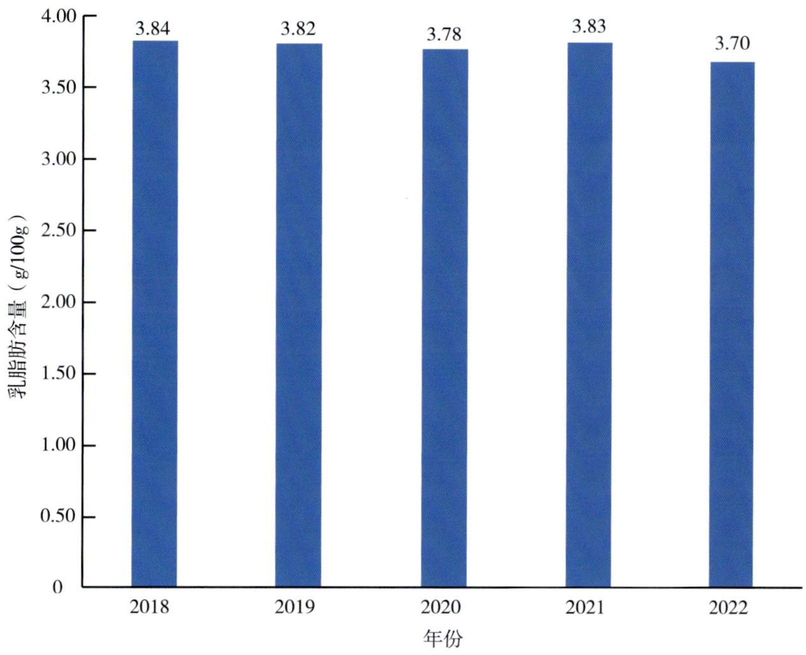


**图 3-2　2018—2022 年全国生鲜乳乳脂肪含量平均值**

**（数据来源：农业农村部）**

### 2. 乳蛋白

乳蛋白是乳的主要成分之一，是反映牛奶营养品质的指标，乳蛋白含量国家标准为≥ 2.8 g/100 g。

2022 年，农业农村部对 158 批次生鲜乳样品进行监测，乳蛋白含量平均值为 3.25 g/100 g（图 3-3）。其中，规模化牧场生鲜乳乳蛋白含量平均值为 3.30 g/100 g。

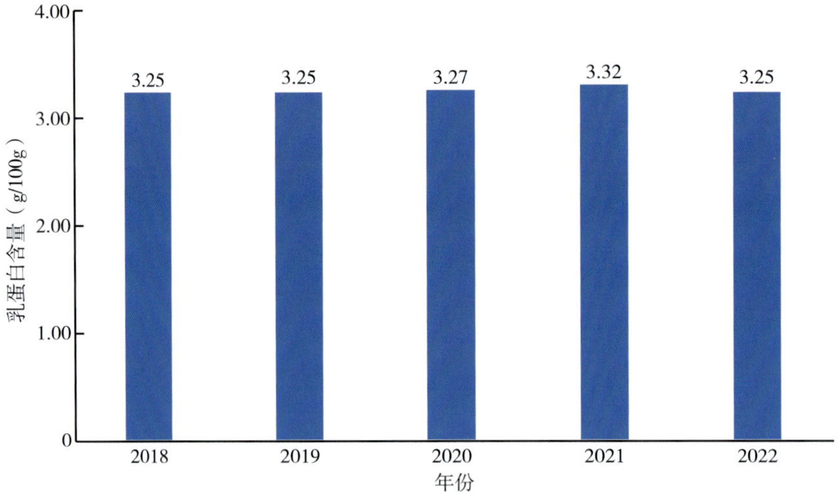


图 3-3　2018—2022 年全国生鲜乳乳蛋白含量平均值

（数据来源：农业农村部）

### 3. 非脂乳固体

非脂乳固体是生鲜乳中除脂肪和水分外营养物质的总称，非脂乳固体含量国家标准为≥ 8.1 g/100 g。

2022 年，农业农村部对 158 批次生鲜乳样品进行监测，生鲜乳非脂乳固体含量平均值为 8.7 g/100 g（图 3-4）。

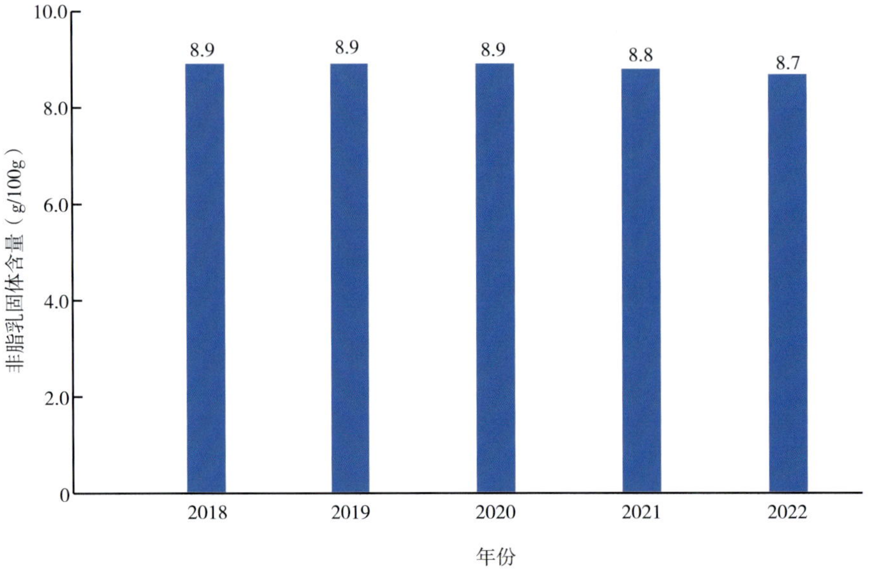


图 3-4　2018—2022 年全国生鲜乳非脂乳固体含量平均值

（数据来源：农业农村部）

### 4. 杂质度

杂质度是指生鲜乳中含有杂质的量，是衡量生鲜乳洁净度的重要指标，国家标准为≤ 4.0 mg/kg。

2022 年，农业农村部对 158 批次生鲜乳样品进行监测，杂质度均符合国家标准，全年抽检合格率为 100%。

### 5. 酸度

酸度是评价生鲜乳新鲜程度的指标。国家标准规定，生鲜乳酸度范围为 12°T~18°T。

2022 年，农业农村部对 157 批次生鲜乳样品进行监测，酸度平均值为 13.6°T，符合国家标准，全年抽检合格率为 100%。

### 6. 相对密度

相对密度是反映生鲜乳是否掺水的重要指标，国家标准为≥ 1.027。

2022 年，农业农村部对 158 批次生鲜乳样品进行监测，生鲜乳相对密度平均值为 1.030（图 3–5）。

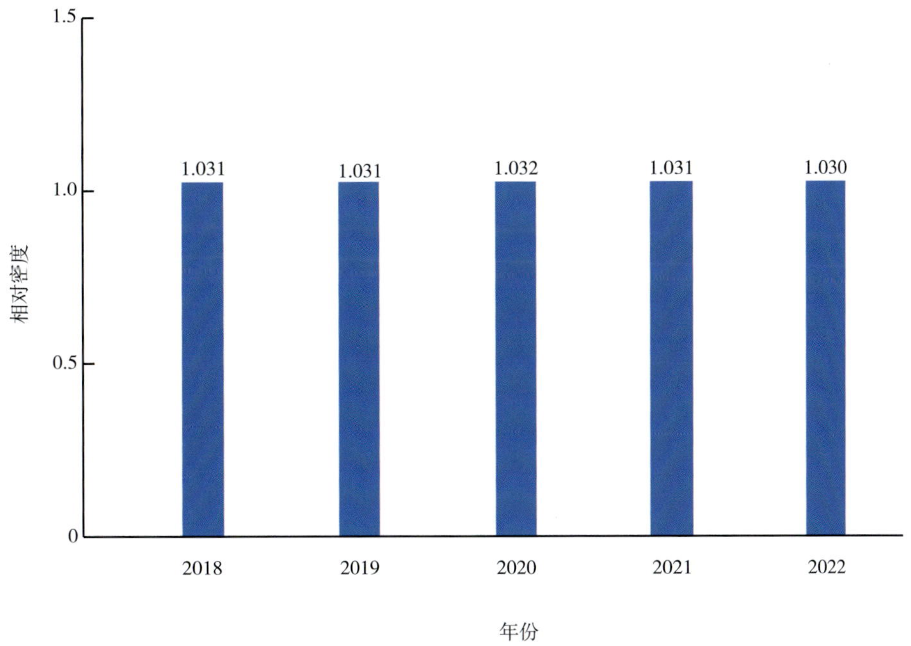


**图 3–5　2018—2022 年全国生鲜乳相对密度平均值**

**（数据来源：农业农村部）**

### 7. 菌落总数

菌落总数的国家标准为≤ 200 万 CFU/mL。

2022 年，农业农村部对 158 批次生鲜乳样品进行监测，生鲜乳中菌落总数平均值为 14.7 万 CFU/mL，远低于国家限量要求。其中，规模化养殖场生鲜乳菌落总数平均值为 3.5 万 CFU/mL，低于全国平均水平（图 3-6，图 3-7）。

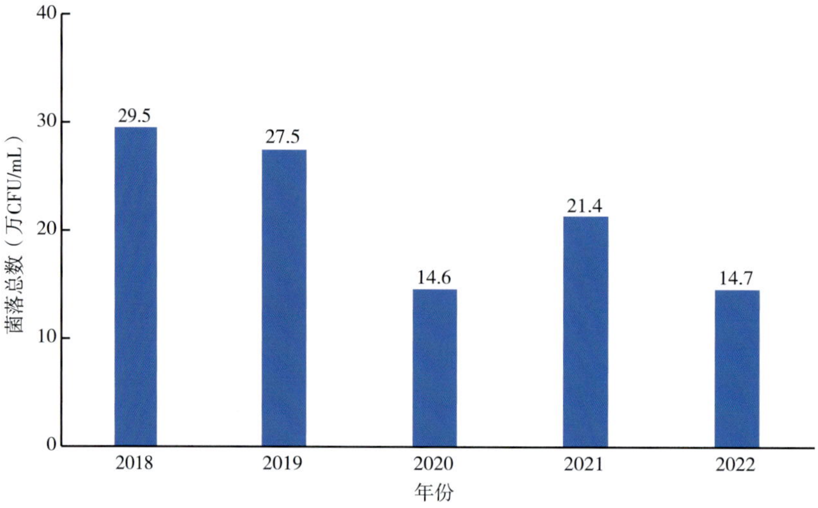


图 3-6　2018—2022 年全国生鲜乳菌落总数平均值

（数据来源：农业农村部）

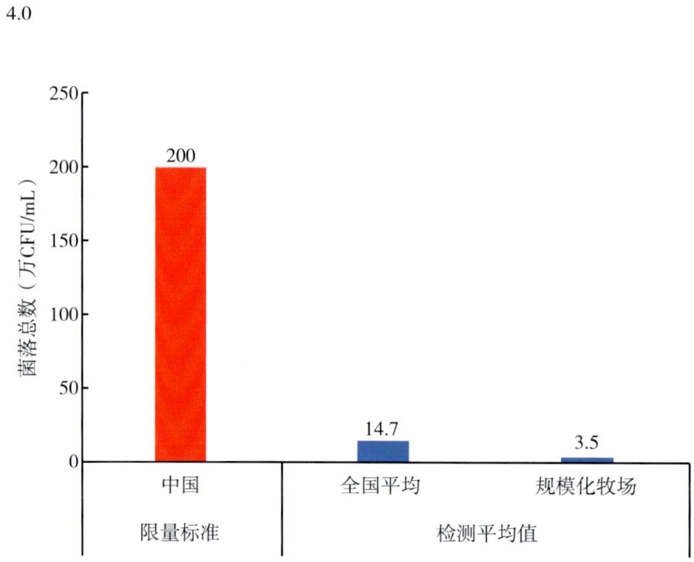


图 3-7　2022 年全国生鲜乳菌落总数结果与国家标准的比较

（数据来源：农业农村部）

## 8. 体细胞数

体细胞数是衡量奶牛乳房健康状况和生鲜乳质量的一项重要指标。体细胞数越高，生鲜乳中致病菌和抗生素残留的污染风险越大，对乳品质量的影响也越大。欧盟和新西兰规定生鲜乳中体细胞数≤ 40 万个 /mL，美国规定生鲜乳中体细胞数≤ 75 万个 /mL（A 级奶、B 级奶），中国暂未规定。

2022 年，农业农村部对 158 批次生鲜乳样品进行监测，生鲜乳中体细胞数平均值为 23.4 万个 /mL，低于欧盟、新西兰和美国标准。其中，规模化养殖场生鲜乳样品的体细胞数平均值为 20.4 万个 /mL，低于全国平均水平（图 3–8）。

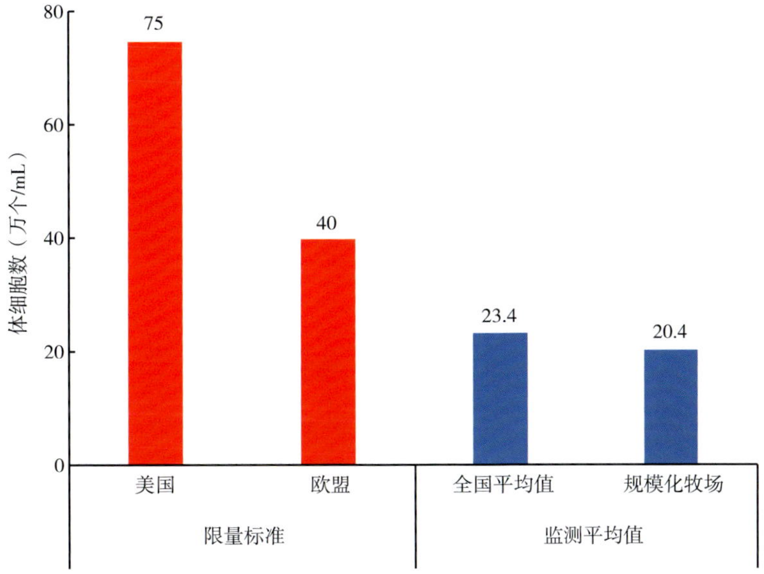


**图 3–8　2022 年全国生鲜乳体细胞数与美国、欧盟标准的比较**

**（数据来源：农业农村部）**

## 9. 黄曲霉素 $M_1$

生鲜乳中黄曲霉素 $M_1$ 的国家标准为≤ 0.5 μg/kg。2022 年，农业农村部共抽检 10 125 批次生鲜乳样品，生鲜乳中黄曲霉素 $M_1$ 抽检合格率为 100%。

## 10. 铅

生鲜乳中铅的国家标准为≤ 0.05 mg/kg。2022 年，农业农村部共抽检 2 397 批次生鲜乳样品，生鲜乳中铅的抽检合格率为 100%。

### 11. 铬

生鲜乳中铬的国家标准为≤ 0.3 mg/kg。2022 年，农业农村部共抽检 2 397 批次生鲜乳样品，生鲜乳中铬的抽检合格率为 100%。

### 12. 汞

生鲜乳中汞的国家标准为≤ 0.01 mg/kg。2022 年，农业农村部共抽检 2 397 批次生鲜乳样品，生鲜乳中汞的抽检合格率为 100%。

### 13. 砷

生鲜乳中砷的国家标准为≤ 0.1 mg/kg。2022 年，农业农村部共抽检 2 397 批次生鲜乳样品，生鲜乳中砷的抽检合格率为 100%。

### 14. 三聚氰胺

生鲜乳中三聚氰胺的国家标准为≤ 2.5 mg/kg。2022 年，农业农村部共抽检 2 397 批次生鲜乳样品，三聚氰胺均未检出，抽检合格率为 100%。

## （三）乳制品质量安全

### 1. 与国内其他食品比较

2022 年，国家市场监督管理总局完成国家食品安全监督抽检 6 563 388 批次，发现不合格样品 187 572 批次，监督抽检不合格率 2.86%，较 2021 年上升 0.17 个百分点。其中，乳制品、婴幼儿配方乳粉抽检不合格率分别为 0.12%、0.02%（表 3-1）。

表3-1　2022年乳制品与食品抽检不合格率比较

| 抽样 | 食品 | 乳制品 | 婴幼儿配方乳粉 |
|---|---|---|---|
| 不合格比例（%） | 2.86 | 0.12 | 0.02 |

数据来源：国家市场监督管理总局。

### 2. 与进口乳制品比较

（1）安全指标检测结果比较

2015—2022 年，农业农村部奶及奶制品质量监督检验测试中心（北京）（以下简称奶制品中心）通过市场随机抽样的方式，对国内大中城市销售的 217 个国产品牌 3 451 批次和 116 个进口品牌 472 批次样品进行安全指标比较，检测指标包括黄曲霉素 $M_1$、农药残留、兽药残留和重金属等。

结果显示，国产奶与进口奶的黄曲霉素 $M_1$ 未超过中国（≤ 0.50 μg/kg）、美国（≤ 0.50 μg/kg）及欧盟（≤ 0.05 μg/kg）的限量标准。国产奶与进口奶均未检出使用违禁兽药或兽药残留超限量标准的情况。国产奶与进口奶的重金属铅含量均符合中国限量标准。

（2）营养及质量指标检测结果比较

2020—2022 年，奶制品中心通过市场随机抽样的方式，共对 87 个国产品牌 1 733 批次和 52 个进口品牌 111 批次乳制品进行质量指标比较研究，检测指标包括乳铁蛋白、β-乳球蛋白和糠氨酸等。

乳铁蛋白。乳铁蛋白是具有营养和多功能性的生物活性蛋白质。研究结果表明，2020—2022 年，国产巴氏杀菌奶中乳铁蛋白含量平均值从 34.9 mg/L 上升至 41.3 mg/L，显著高于进口巴氏杀菌奶（图 3-9）。

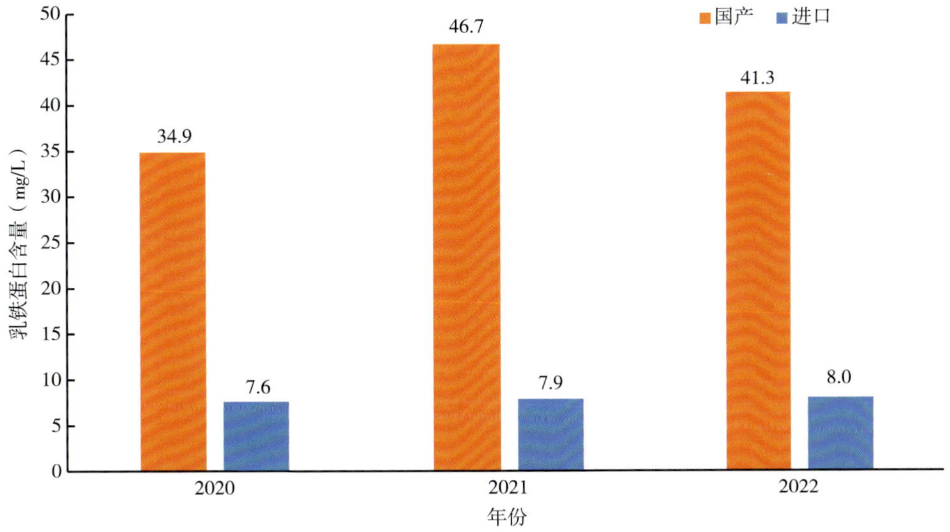


**图 3-9　2020—2022 年国产与进口巴氏杀菌奶中乳铁蛋白含量比较**

β-乳球蛋白。β-乳球蛋白是由乳腺上皮细胞合成的乳特有的蛋白质，是牛奶中的重要活性因子。研究结果表明，2020—2022 年，国产巴氏杀菌奶中 β-乳球蛋白含量持续上升，平均值从 2 509 mg/L 上升至 3 305 mg/L，进口巴氏杀菌奶中 β-乳球蛋白含量平均值从 158 mg/L 上升至 556 mg/L。国产 UHT 奶中 β-乳球蛋白含量持续上升，平均值从 159.9 mg/L 上升至 185.9 mg/L，而进口 UHT 奶中 β-乳球蛋白含量平均值从 59.2 mg/L 上升至 62.4 mg/L（图 3-10，图 3-11）。

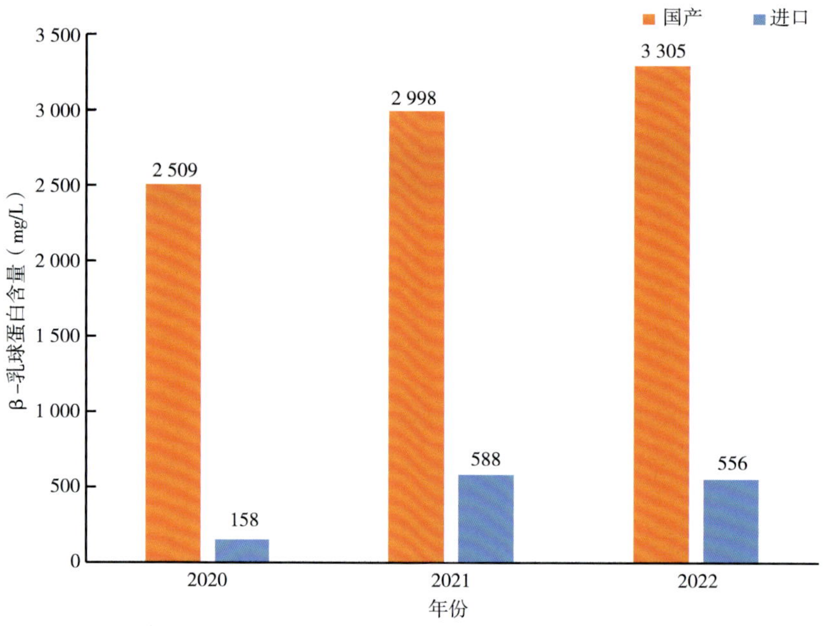


图 3-10　2020—2022 年国产与进口巴氏杀菌奶中 β-乳球蛋白含量比较

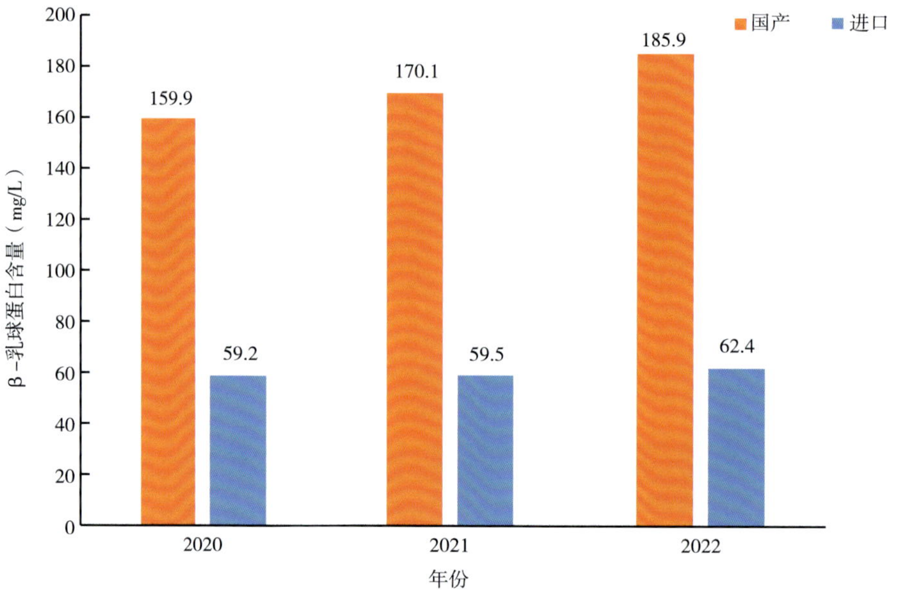


图 3-11　2020—2022 年国产与进口 UHT 奶中 β- 乳球蛋白含量比较

糠氨酸。糠氨酸含量是反映牛奶热加工程度的一项敏感指标。糠氨酸含量过高，表明牛奶的受热程度高、保存时间长或者运输距离远。研究结果表明，2020—2022 年，国产巴氏杀菌奶中糠氨酸含量平均值从 17.4 mg/100 g 蛋白质下降至 12.3 mg/100 g 蛋白质，进口巴氏杀菌奶中糠氨酸含量平均值从 50.8 mg/100 g 蛋白质下降至 50.3 mg/100 g 蛋白质。国产 UHT 奶中糠氨酸含量平均值从 127.8 mg/100 g 蛋白质下降至 122.5 mg/100 g 蛋白质，进口 UHT 奶中糠氨酸含量平均值亦呈现出下降趋势，从 221.3 mg/100 g 蛋白质降至 170.7 mg/100 g 蛋白质。国产婴幼儿配方乳粉中糠氨酸含量平均值从 637.9 mg/100 g 蛋白质下降至 509.9 mg/100 g 蛋白质，进口婴幼儿配方乳粉中糠氨酸含量也略有下降，平均值从 671.1 mg/100 g 蛋白质下降至 601.8 mg/100 g 蛋白质（图 3-12 至图 3-14）。

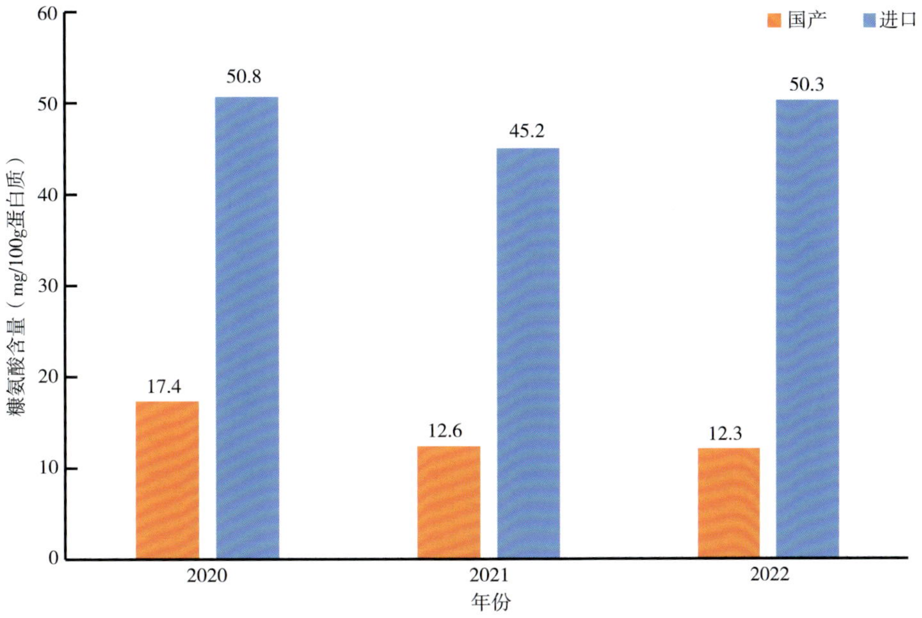


图 3-12　2020—2022 年国产与进口巴氏杀菌奶中糠氨酸含量比较

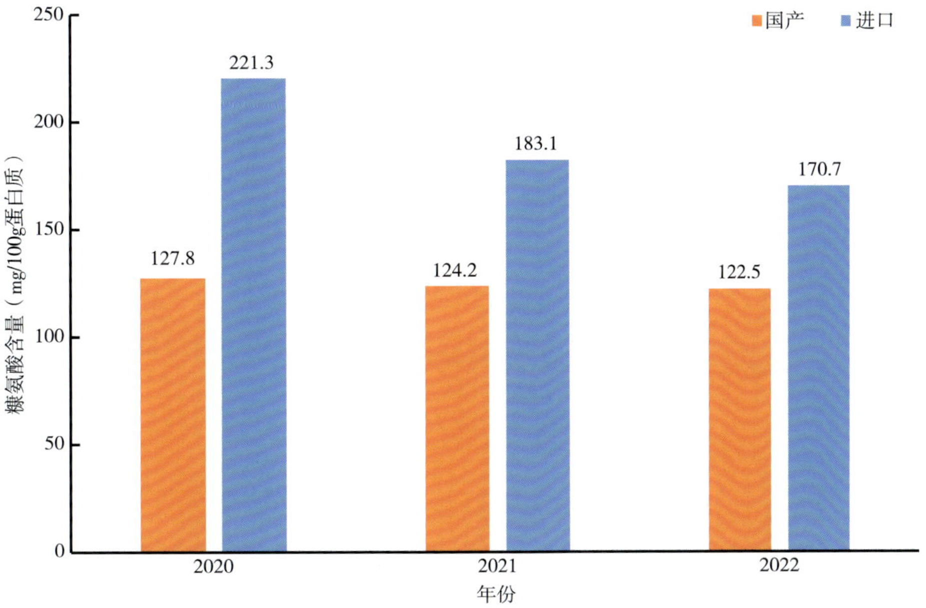


图 3-13　2020—2022 年国产与进口 UHT 奶中糠氨酸含量比较

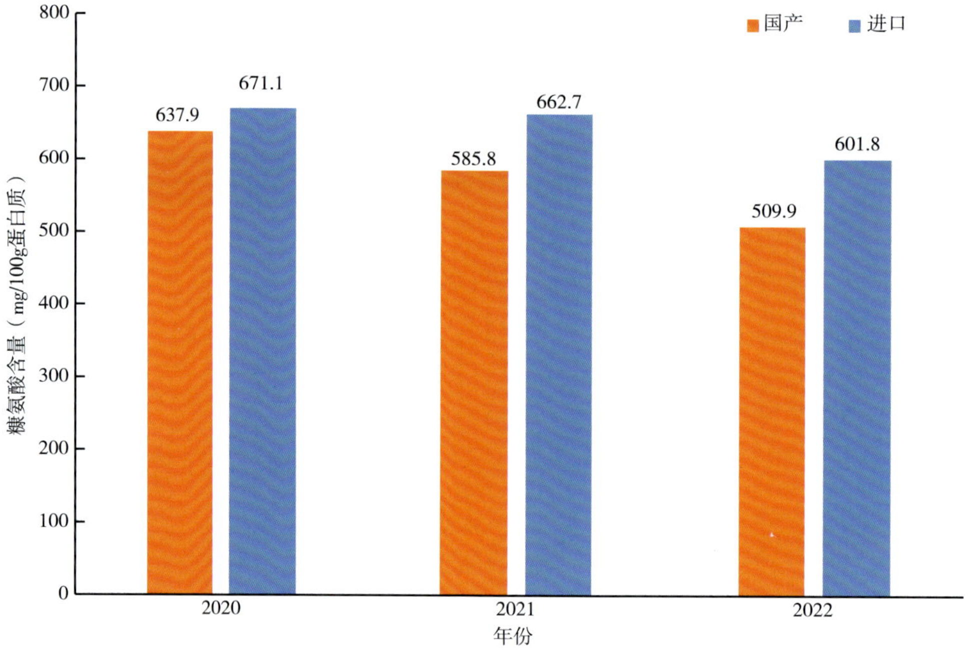


图 3-14　2020—2022 年国产与进口婴幼儿配方乳粉中赖氨酸含量比较

### 3. 进口乳制品未准入境情况

2022 年，全国各进境口岸从来自 16 个国家或地区的乳制品中检出未准入境产品共计 113 批。主要未准入境的原因为品质不合格、证书不合格、货证不符等。所有未准入境的乳制品均已在口岸退运或销毁（表 3-2）。

表3-2　进口乳制品未准入境情况

| 项目 | 未准入境乳制品、国别及不合格批次 |
|---|---|
| 类型 | 干酪（12）、奶油（2）、乳清粉（52）、乳粉（11）、发酵乳（6）、乳基婴幼儿配方食品（5）、消毒乳（30） |
| 进口国家 | 大洋洲：新西兰（5）、澳大利亚（5）<br>欧　洲：法国（8）、荷兰（4）、意大利（2）、波兰（1）、瑞士（1）、白俄罗斯（2）、英国（50）、爱尔兰（2）、西班牙（1）<br>北美洲：美国（1）、加拿大（1）<br>亚　洲：越南（28）、哈萨克斯坦（1）、韩国（1） |

数据来源：海关总署。

## 4. 结论

2022 年监测结果表明，中国生鲜乳及奶产品质量安全风险可控，整体状况良好。

第一，生鲜乳中乳蛋白、乳脂肪等质量安全指标达到较高水平。监测结果表明，2018—2022 年，生鲜乳的乳蛋白和乳脂肪平均水平高于生乳国家标准，生鲜乳质量安全水平大幅提升。

第二，生鲜乳中各项安全指标达到标准。菌落总数、杂质度、酸度等监测平均值均符合国标限量标准，体细胞数平均值符合欧盟限量标准，黄曲霉素 $M_1$、铅、铬、汞、砷等污染物指标合格率 100%。中国奶牛养殖环境、奶牛健康状况良好，奶源优质安全。

第三，生鲜乳收购、运输行为规范。自婴幼儿配方乳粉事件以来，通过不断强化生鲜乳质量安全监管，有效遏制了违禁添加等违法行为，生鲜乳中三聚氰胺等违禁添加物已多年未检出。

专栏三

# 推动奶酪创新发展<br>助力奶业竞争力提升

为贯彻落实《国务院办公厅关于推进奶业振兴保障乳品质量安全的意见》，农业农村部等九部门《关于进一步促进奶业振兴的若干意见》，推动中国奶酪创新发展，中国奶业协会制定了《奶酪创新发展助力奶业竞争力提升三年行动方案（2023—2025年）》（以下简称《方案》）。

《方案》阐述了当前中国奶酪市场的发展趋势以及面临的挑战和机遇，强调奶酪是调优乳品结构、增加乳品消费、促进奶业振兴的重要抓手。

《方案》提出，到2025年，全国奶酪产量达到50万吨，零售市场规模突破300亿元，产业链素质稳步提升，特色产品更加丰富，品牌影响力进一步增强。

# 四、中国奶业质量安全监管

2022 年，有关部门全面落实国办奶业振兴意见和促进畜牧业高质量发展意见，按照农业农村部等 9 部门《关于进一步促进奶业振兴的若干意见》部署安排，协同推进奶业振兴各项重点工作。

## （一）完善乳品法规标准

中国现行的奶业标准共有 200 多项，涵盖奶畜养殖、生鲜乳收购、乳制品加工、质量控制以及检测方法等多个环节和领域。近年来，持续推动乳品标准修订工作，国内标准与国际通行标准的一致性逐步提高，为规范乳品生产和质量控制提供了依据。2022 年，稳妥推进奶业相关标准制修订，颁布《食品安全国家标准　浓缩乳制品》《食品安全国家标准　再制干酪和干酪制品》等乳品安全国家标准。继续推动《乳制品生产许可审查细则》修订工作，完善企业对部分生鲜乳指标的检验设备及能力要求。

## （二）严守乳品质量安全

一是连续 14 年实施生鲜乳质量安全监测计划，采取专项监测、异地抽检、风险隐患排查等方式，2022 年全年累计抽检 1.03 万批次生鲜乳样品。二是大力推进监管信息化、精准化，全面推行使用“奶业监管工作平台”，将全国 4 200 余个生鲜乳收购站和 5 500 余辆运输车，全部纳入监管监测信息系统，实时掌握奶站和运输车的运行变化情况；进一步扩大“生鲜乳收购站和运输车电子交接单”应用试点范围，在辽宁、河南、陕西、宁夏、江苏开展试点工作，提高监管工作效率。三是加强乳制品质量安全监督抽检，2022 年生鲜乳、乳制品抽检合格率分别达到 100% 和 99.88%，依法监督企业下架召回不合格产品，督促企业查找不合格原因并进行整改，对违法违规行为进行严肃处理。四是持续强化进口监管，对口岸查验不合格的进口乳制品均做退运或销毁处理。

## （三）全过程严格监管婴幼儿配方乳粉

一是源头严格控制。继续落实“确保婴幼儿配方乳粉奶源安全六项措施”，从奶源基地建设、饲草料供应、奶源质量安全抽检、生鲜乳收购站和运输车监管、关键技术推广、政策扶持六方面确保婴幼儿配方乳粉奶源安全。二是严格配方注册和生产准入。严格配方科学性、安全性审查，稳妥推进婴配产品按新国标注册工作。修订发布《婴幼儿配方乳粉生产许可审查细则（2022版）》，进一步严格婴幼儿配方乳粉生产企业许可条件，加强原料管控和生产管理，强化风险防控措施。三是强化监督抽检。组织开展婴幼儿配方乳粉“月月抽检”。每月对已获婴幼儿配方乳粉配方注册且在产、在售的120家国产和51家进口婴幼儿配方乳粉生产企业进行抽检，检验项目覆盖所有相关食品安全国家标准，共计66个指标。开展乳制品监督抽检，重点加大对既往不合格检验项目和不合格食品企业的抽检力度。四是加大处罚力度。对监督抽检发现的不合格产品及其企业，立即责令企业下架召回、停产整改。

## （四）提高奶牛养殖竞争力

印发《“十四五”奶业竞争力提升行动方案》，启动实施奶业生产能力提升整县推进项目，支持奶牛养殖大县开展智慧牧场建设，提高草畜配套水平，发展养加一体化试点。开展奶牛养殖标准化示范创建，支持1 765个奶牛家庭牧场和奶农合作社升级改造。加强奶牛良种繁育体系建设，推进落实奶牛遗传改良计划，继续实施优质奶牛种公牛培育技术应用示范项目。持续开展奶牛生产性能测定工作，对1 300余家养殖场奶牛开展生产性能测定，推动提高饲养管理和育种水平。继续实施粮改饲和振兴奶业苜蓿发展行动，开展苜蓿青贮饲喂推广和粗饲料本地化开发利用，提升奶牛生产效率和生鲜乳质量安全水平，截至2022年，累计支持优质商品苜蓿基地建设面积超过772万亩。

## （五）推动乳制品加工做优做强

引导企业积极研发乳制品生产新工艺、新技术，因地制宜发展适合不同消费者需求的特色乳制品和功能性产品，发展奶酪等符合消费趋势的干乳制品，提升产品价值链。引导乳品企业与奶源基地布局匹配、生产协调，提升产业链一体化水平。督促企业定期开展自查，实施从配方研发、原料查验、生产管控、出厂检验到销售的全过程管控，切实防控食品安全风险隐患。鼓励企业全面实施良好生产规范、危害分析与关键控制点体系等生产质量管理体系。

## （六）加强奶业宣传和科普

召开第八届中国奶业 20 强（D20）峰会，展示 D20 企业的品牌建设成就，展望中国奶业发展前景。开展 D20 企业牛奶公益捐赠活动，向脱贫待巩固地区中小学生及抗灾抗疫人员、受灾群众捐赠价值 1.96 亿元的乳制品。举办 2022 中国奶酪发展高峰论坛，科普奶酪知识。发布《中国奶业质量报告（2022）》，全方位展示奶业质量安全情况，多维度科普乳品生产、消费及营养知识。

专栏四

# 《中国居民膳食指南（2022）》进一步提高奶及奶制品摄入量

2022 年 4 月，中国营养学会发布《中国居民膳食指南（2022）》（第 5 版)。《中国居民膳食指南（2022）》根据营养学原理，紧密结合中国居民膳食消费和营养状况实际，指导生命全周期的各类人群健康膳食。

根据《中国居民膳食指南（2022）》的准则和核心推荐，将中国居民食物按照谷物类、蔬菜水果、鱼禽肉蛋等动物性食物、奶类和大豆及坚果、烹调油和盐五大类从下而上组成宝塔状，形象展示每天各类食物摄入量。其中，奶及奶制品日均摄入量为 300 ～ 500 g，相比第 4 版 300 g 的推荐量明显提高。

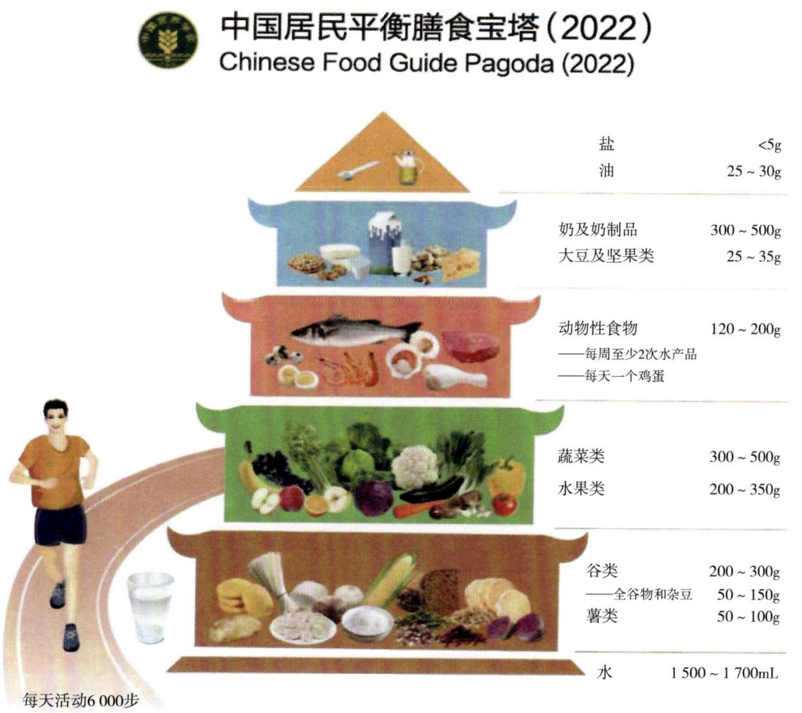


资料来源：《中国居民膳食指南（2022）》，人民卫生出版社，2022。

# 五、2023 年中国奶业质量安全工作重点

2023年是全面贯彻落实党的二十大精神的开局之年，落实国办奶业振兴意见，继续实施《“十四五”奶业竞争力提升行动》，推动解决产业发展中的实际问题，纾解奶业市场困难，合力推进奶业健康发展。

## （一）严格乳品质量安全监管

加强乳品质量安全监管能力建设，提升基层监管水平。继续实施生鲜乳质量安全监测计划，全面推行生鲜乳收购站和运输车电子交接单制度，继续推进《生鲜乳收购许可证》《生鲜乳准运证明》在线出证，探索生鲜乳第三方检测机构建设。完善监管监测信息系统，全面推行使用“饲料及生鲜乳质量安全监管工作平台”，安排专人负责辖区内生鲜乳收购站和运输车信息核查上报工作，准确掌握生鲜乳收购站、运输车和婴幼儿配方乳粉奶源基地变动情况，及时备案跨省运营的生鲜乳运输车。

## （二）加强婴幼儿配方乳粉监管

继续强化婴幼儿配方乳粉产品配方注册管理，保障配方的科学性、安全性。继续加大监管力度，开展婴幼儿配方乳粉奶源质量安全监测，实施月月全项目抽检制度，确保婴幼儿配方乳粉奶源安全六项措施落实到位，对不合格产品及时公布，督促婴幼儿配方乳粉生产企业切实落实食品安全主体责任。倡导企业以生鲜乳为原料生产婴幼儿配方乳粉，支持企业建设自有奶源基地，提升婴幼儿配方乳粉生产企业的奶源供给和质量安全控制能力。继续推进婴幼儿配方乳粉质量安全追溯体系建设试点，进一步扩大覆盖企业范围。

## （三）强化优质奶源基地建设

实施奶业生产能力提升整县推进项目，继续支持奶业大县整县推进草畜配套，促进青贮玉米、苜蓿、燕麦等优质饲草料种植和奶牛养殖就地就近配套衔接，推进南方草山草坡饲草资源开发利用，保障饲草料供应；支持家庭牧场、奶农合作社等适度规模养殖主体开展“智慧牧场”建设，对圈舍、防疫、奶厅、饲料制备、挤奶及运输等奶牛养殖关键环节设施设备升级改造。继续实施振兴奶业苜蓿发展行动，提高优质饲草料供应能力。鼓励有条件的奶农合作社在确保质量安全的条件下，依靠自有奶源发展乳制品加工，推动奶牛养殖向乳品加工和流通领域拓展。

## （四）推动乳制品加工业发展

加快研究放宽对乳制品加工业布局半径和日处理能力等限制。继续推进奶农发展乳制品加工试点，努力化解奶农发展加工的准入门槛。加强新产品研发，研发生产适合不同消费群体的乳制品，避免过度包装，提高国产乳制品竞争力；鼓励企业开展奶酪加工技术攻关，加快奶酪生产工艺和设备升级改造，提高乳清、蛋白浓缩物等奶酪副产品加工利用水平。

## （五）促进消费供需适配

加大奶业公益宣传力度，普及巴氏杀菌乳、灭菌乳、奶酪等乳制品的营养知识，提升广大群众对乳制品的认知度和信任度，培育多样化、本土化的消费习惯。支持国家学生饮用奶宣传推广，培育扩大乳制品消费群体，引导增加乳制品消费。创新 D20 峰会召开形式，推进 D20 企业间的大联合、大协作，合力打造中国奶业大品牌。支持奶牛休闲观光牧场发展，鼓励消费者走进奶牛养殖场和乳品加工厂，切身体验国产乳品安全生产的全过程，推动一二三产业融合发展。

专栏五

# 拼搏进取的中国奶业 D20

## 中国 D20 企业联盟简介

D20 是指中国奶业 20 强企业，D 是 Dairy（奶业）的首字母。2015 年 8 月，中国奶业协会根据企业品质和口碑、品牌影响力、奶源基地建设、自建牧场奶牛存栏、生鲜乳收购量、销售额等指标，对全国 600 多家乳品企业中评选出综合排名前 20 位的企业予以公告，每三年进行一次调整。（2018 年 8 月，第二届中国奶业 D20 企业完成换届，创新增设 5 家观察员企业，形成了“D20+5”新格局。2022 年 4 月，第三届中国奶业 D20 企业完成换届，增加 15 家观察员企业。升级后的“D20+20”，养殖企业占比显著提升，D20 企业整体实力和引领力进一步增强。）

在中国奶业协会推动下，成立了中国 D20 企业联盟，联盟秘书处设在中国奶业协会，负责中国 D20 企业联盟日常工作和 D20 峰会的组织工作。2015 年 8 月 18 日，在北京钓鱼台国宾馆召开首届峰会，汪洋副总理出席峰会并致辞。2016—2021 年先后在河北石家庄、黑龙江齐齐哈尔、内蒙古呼伦贝尔、上海、河北石家庄、安徽合肥召开第二届至第七届峰会，农业农村部、工业和信息化部、海关总署、国家市场监督管理总局等部门相关负责人出席峰会并讲话。2022 年 9 月 6 日，在山东济南召开第十三届中国奶业大会暨 2022 年中国奶业 20 强（D20）峰会，农业农村部副部长马有祥出席开幕式并讲话。

## D20 企业奶源质量优良

2022 年，农业农村部抽检 D20 企业的生鲜乳样品 6 258 批次，占全国抽检总量的 60.8%。检测结果显示，D20 企业奶源质量良好，优于全国平均水平。

## D20 企业名单

内蒙古伊利实业集团股份有限公司
内蒙古蒙牛乳业（集团）股份有限公司
光明乳业股份有限公司
君乐宝乳业集团有限公司
黑龙江飞鹤乳业有限公司
现代牧业（集团）有限公司
北京三元食品股份有限公司
新希望乳业股份有限公司
内蒙古圣牧高科牧业有限公司
北大荒完达山乳业股份有限公司
中地乳业集团有限公司
西安银桥乳业（集团）有限公司
南京卫岗乳业有限公司
济南佳宝乳业有限公司
中垦乳业股份有限公司
河南花花牛乳业集团股份有限公司
新疆天润乳业股份有限公司
贝因美股份有限公司
福建长富乳品有限公司
广东燕塘乳业股份有限公司

## 观察员企业名单

内蒙古优然牧业有限责任公司
辽宁越秀辉山控股股份有限公司
山东得益乳业股份有限公司
皇氏集团股份有限公司
新疆西域春乳业有限责任公司
天津嘉立荷牧业集团有限公司
澳优乳业（中国）有限公司
北京首农畜牧发展有限公司
河北乐源牧业有限公司
宁夏农垦贺兰山奶业有限公司
原生态牧业有限公司
认养一头牛控股集团股份有限公司
上海妙可蓝多食品科技股份有限公司
山西古城乳业集团有限公司
甘肃前进牧业科技有限责任公司
浙江一鸣食品股份有限公司
云南欧亚乳业有限公司
江西阳光乳业集团有限公司
黑龙江宜品乳业集团有限公司
深圳市晨光乳业有限公司

# 附录　乳品科普知识

针对婴幼儿时期、青少年时期、中青年时期和老年时期，奶类在共同降低疾病风险方面发挥了重要的“基础营养”和“活性营养”双重营养功能。

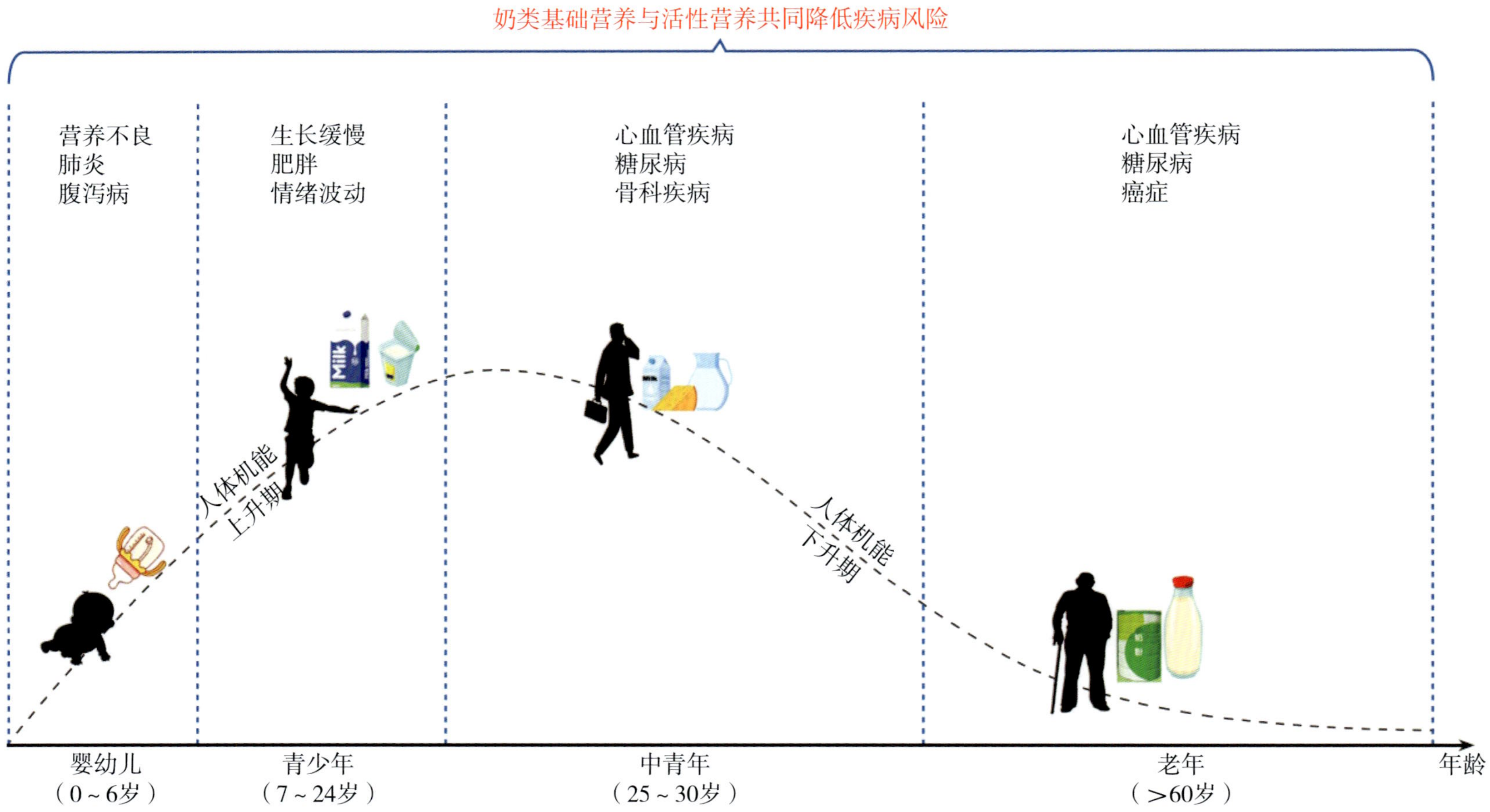

## 牛奶对健康的双重营养功能——孕妇

妊娠是一个复杂的生理过程，是“生命早期 1 000 天”的关键阶段。孕妇，作为特定人群，从生命初期开始提供充分的营养素对于确保胎儿身体和大脑发育以及长期健康至关重要。奶及奶制品具有高营养密度和生物利用度的特性，可提供生命初期的全面营养支持。

“基础营养功能”主要表现在：

★改善孕妇营养不良

★可促进孕妇机体代谢，增强免疫力

★提高叶酸的生物利用度

“活性营养功能”主要表现在：

★缓解孕妇抑郁和焦虑

★降低孕妇妊娠期糖尿病风险

★预防孕妇妊娠期贫血

★满足胎儿营养需要

## 牛奶对健康的双重营养功能——婴幼儿

婴幼儿是婴儿（0 ~ 3 岁）与幼儿（3 ~ 6 岁）的统称，是各类人群中奶类需求量最高、接触奶制品种类最多样的阶段。无论是在母乳阶段还是断奶后，奶及奶制品都是婴幼儿蛋白质、脂肪和能量的宝贵来源，可为婴幼儿生长发育提供重要的“基础营养”和“活性营养”。

“基础营养功能”主要表现在：

★提高婴幼儿骨密度，促长高

★促进婴幼儿胃肠道发育，增强免疫

★增强婴幼儿认知能力

★改善婴幼儿营养不良

“活性营养功能”主要表现在：

★缓解婴幼儿肺炎症状

★降低婴幼儿坏死性小肠结肠炎风险

★改善婴幼儿腹泻

★预防婴幼儿过敏

## 牛奶对健康的双重营养功能——青少年

青少年时期（7 ~ 24 岁）是生长发育的高峰期，其“基础营养”不仅承担着增强体质、促进免疫力提升、促进机体生长发育等功能，更发挥着“活性营养”的功能。不仅能给青少年机体提供“动能”，还能预防和缓解青少年陷入“病圈”。

“基础营养功能”主要表现在：

★为青少年提供能量和营养

★促进青少年线性生长

★促进青少年骨骼发育

★增强青少年肌肉合成

★增强青少年的肠道和免疫功能

“活性营养功能”主要表现在：

★减少青少年肥胖的发生

★缓解青少年缺铁

★预防青少年哮喘

★改善青少年精神障碍

## 牛奶对健康的双重营养功能——中青年

中青年人的身体发育已经完善，其健康特征主要涵盖获取机体所需的基础营养，缓解、抵抗机体细胞的衰老，以及增强机体的防御、预防疾病发生等。其健康状况与膳食结构、睡眠、运动、工作时长、生活工作压力和健康管理等都有着密切的关系。

“基础营养功能”主要表现在：

★增强骨骼功能，维持骨骼稳态

★提高免疫功能

★缓解神经压力，改善脑认知功能

“活性营养功能”主要表现在：

★降低心血管疾病风险

★预防糖尿病

★减轻脊柱负担

★预防和延缓精神障碍

★降低癌症发生风险

## 牛奶对健康的双重营养功能——老年人

《中国居民膳食指南（2022）》首次按年龄段来制定老年膳食指南，分为《一般老年人膳食指南》和《高龄老年人膳食指南》，其中高龄老年人（80岁及以上），推荐核心之一明确为“多吃鱼禽肉蛋奶和豆，适量蔬菜配水果”。对于老年人来说，奶产品对维持其健康尤为重要。

“基础营养功能”主要表现在：

★降低老年人骨质疏松症的发生率

★降低老年人肌肉减少症的风险

★保护老年人视力健康

★增强老年人免疫力

“活性营养功能”主要表现在：

★改善老年人心血管疾病

★预防老年人痴呆症

★缓解老年人糖尿病

★降低老年人癌症发生风险

资料来源：1.《中国居民膳食指南（2022）》，人民卫生出版社，2022.

2.《牛奶对健康的双重营养功能科普系列》丛书，中国农业科学技术出版社，2021—2022.